So wird es gemacht:

Öffne das LÜK-Kontrollgerät und lege die Plättchen in den unbedruckten Deckel. Jetzt kannst du auf den Plättchen und auf der Bodenplatte

die Zahlen 1 bis 24 sehen.

Beispiel: Seite 2 – Der erste Schnee
Nimm das Plättchen 1 und lies die
Aufgabe Nr. 1: wei(s-ß)e
Löse nun die Aufgabe und suche das richtige Ergebnis in der Lösungsspalte. Das richtige Ergebnis heißt weiße. Neben dem ß steht die Feldzahl, auf der du das Plättchen ablegen musst.
Lege also das Plättchen 1 auf das Feld 15
der Bodenplatte.
Die Zahl **1** muss nach
oben zeigen.

1	2	3	4	5	6
7	8	9	10	11	12
13	14	15	16	17	18
19	20	21	22	23	24

So musst du weiterarbeiten, bis alle Plättchen auf der Bodenplatte liegen.

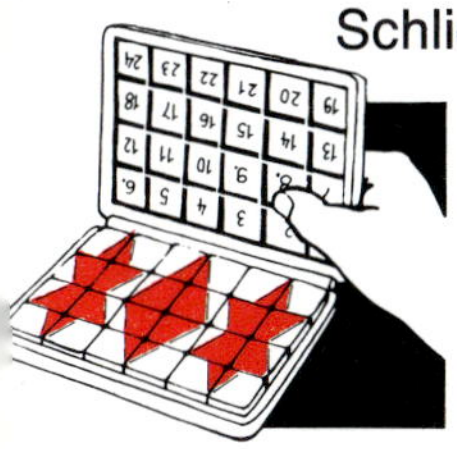

Schließe dann das Gerät und lege es herum. Öffne es von der Rückseite! Wenn du das bei der Übungsreihe abgebildete Muster siehst, hast du alle Aufgaben richtig gelöst. Passen einige Plättchen nicht in das Muster, dann hast du dort Fehler gemacht. Wende diese Plättchen dort, wo sie liegen, um, schließe den Kasten, lege ihn herum und öffne ihn wieder. Nun kannst du sehen, welche Aufgaben du falsch gelöst hast.
Nimm jetzt diese Plättchen heraus und suche die richtigen Ergebnisse!
Kontrolliere dann noch einmal! Stimmt jetzt das Muster?

Und nun viel Spaß!

W0280280

Der erste Schnee

Dicke, wei [1] e Flo [2] en schw [3] ben vom [4] rauen Himmel.
s ß — ck g — e eh — g k

Uta z [5] t ihren [6] lauen Anora [7] mit der Ka [8] uze und ihre
ie ieh — B b — ck k — p pp

Han [9] schuhe an. „Schatz, vergiss den Sch [10] l nicht!“, ruft
d t — a ah

Mutter noch. Aber Uta ist schon mit ihrem Schlitten [11] ort.
f v

Vor den meisten Häusern sind die [12] ürgersteige schon
B b

vom Schnee ger [13] mt und ma [14] hat gestr [15] t.
äu eu — n nn — äu eu

Dort [16] rägt Uta ihren Schlitten. Endlich ist sie auf der
d t

Rodelb [17] n. H [18] r trifft sie ihre Freundi [19] en. Keine f [20] lt.
a ah ie ieh n nn e eh

Nacheinander sau [21] en sie den Hügel hinunter.
s ss

Da [22] erliert Uta das Gleichgewicht. Ihr Schlitten
f v

ki [23] t um. Lachend steht sie auf.
p pp

Es ist nichts pa [24] iert.
ß ss

a – 8
ah – 23
äu – 3
B – 24
b – 18
ck – 5
d – 13
e – 2
eh – 9
eu – 1
f – 22
g – 16
ie – 14
ieh – 19
k – 11
n – 17
nn – 12
p – 21
pp – 10
s – 7
ß – 15
ss – 20
t – 4
v – 6

Ein Unfall in der Schule

Gestern stür[1]te Peter in der Turnstunde, als er die
tz z

[2]rätsche über den Ba[3]en machen wollte.
G K r rr

Er [4]ühlte einen st[5]chenden [6]merz im linken [7]nöchel.
f v ä e Sch sch G K

Sein Kopf [8]röhnte und er [9]erlor das Bewu[10]tsein.
d t f v s ss

Ein Sanit[11]ter [12]iente dem Verle[13]ten das Bein und
ä e Sch sch tz z

[14]rachte ihn in die Klini[15]. Der Arzt stellte einen
b p g k

kom[16]lizierten [17]ruch, eine [18]rellung und eine leich[19]e
b p B P B P d t

Gehirnerschütte[20]ung fest. Peter wurde sofort operiert.
r rr

Auf einer B[21]re wurde er in den Operationss[22]l gefahren.
aa ah aa ah

Als er aus der Narko[23]e erwachte, la[24] er im Bett.
s ss g k

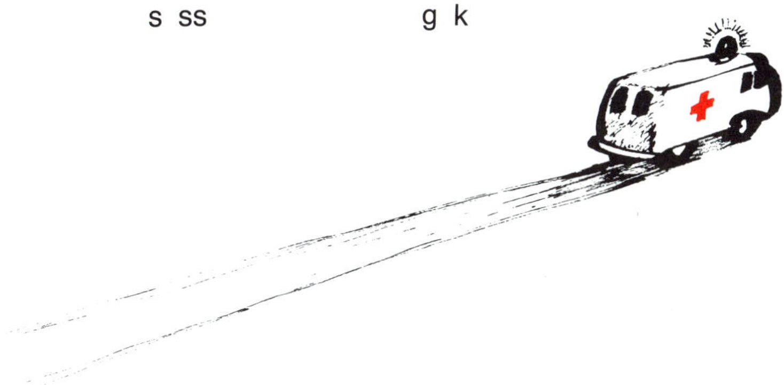

ä – 8
aa – 16
ah – 5
b – 15
B – 3
d – 7
e – 11
f – 20
g – 6
G – 21
k – 17
K – 9
p – 14
P – 18
r – 1
rr – 24
s – 2
ss – 12
sch – 10
Sch – 22
t – 4
tz – 13
v – 23
z – 19

Mutter ist krank

G[1]stern wurde Mutter [2]nmächtig. Vater le[3]te sie
ä e — o oh — g k

vorsichtig aufs [4]ett und rie[5] einen Ar[6]t. Als der
B P — f v — tz z

Do[7]tor kam, f[8]lte er ihren [9]uls und ma[10] ihre
g k — ü üh — B P — ss ß

Tem[11]eratur. Dann [12]erschrieb er ihr Table[13]en.
b p — f v — th tt

Ich l[14]f schne[15] in die Apo[16]eke. A[17]s ich heimkam,
i ie — l ll — th tt — l ll

sagte Vater: „W[18]r müssen Mutter sch[19]nen, da[20] sie
i ie — o oh — ss ß

[21]ald wieder gesund wird.“ Ich se[22]te mich zu ihr. Sie
b p — tz z

l[23]chelte schon wieder und streichelte mir zärtlich
ä e

[24]bers Haar.
ü üh

- ä – 8
- B – 14
- b – 15
- e – 13
- f – 3
- g – 10
- i – 22
- ie – 23
- k – 5
- l – 11
- ll – 21
- o – 12
- oh – 17
- P – 9
- p – 2
- ss – 7
- ß – 4
- th – 20
- tt – 19
- tz – 24
- ü – 16
- üh – 1
- v – 6
- z – 18

Strom

Mutter b [1] gelt, wä [2] t, kocht, ba [3] t und gri [4] t mit
ü üh — ch sch — ck k — l ll

e [5] ektrischem Strom. Auch Staubsauger, Trockner
l ll

und Geschi [6] spüler benötigen die [7] raft aus der
r rr — G K

Steckd [8] se. K [9] lschrank und [10] efriertruhe halten
o oh — ü üh — G K

[11] erderbliche [12] aren länger frisch. Rundfun [13] und
f v — W w — ck k

Fernsehen beri [14] ten stün [15] lich, [16] as in der W [17] lt
ch sch — d t — W w — ä e

pa [18] iert. Auch viele Arbeitsger [19] te des Vaters
s ss — ä e

[20] unktionieren nicht [21] ne Strom. Sogar im Kinderzimmer
f v — o oh

[22] reiben Batte [23] ien Autos und Ei [24] enbahnen an.
d t — r rr — s ss

ä – 14
ch – 1
ck – 16
d – 3
e – 13
f – 17
G – 22
K – 19
k – 5
l – 21
ll – 12
o – 23
oh – 9
r – 18
rr – 8
s – 10
sch – 7
ss – 4
t – 2
ü – 11
üh – 15
v – 24
W – 20
w – 6

Ein Traum

Gestern Nacht erl [1] bte ich im Traum ein spa [2] endes
e eh n nn

Abent [3] er im afrikani [4] en Urwald: Ich war mit einem
äu eu ch sch

zerbre [5] lichen K [6] nu unterwe [7]. Ein H [8] ptling hatte
ch sch a ah chs gs äu eu

mich eingeladen. Plötzlich [9] auchte ein mächtiges
d t

Kro [10] odil auf. Es ri [11] [12] rohend seinen Rachen mit den
ck k s ss d t

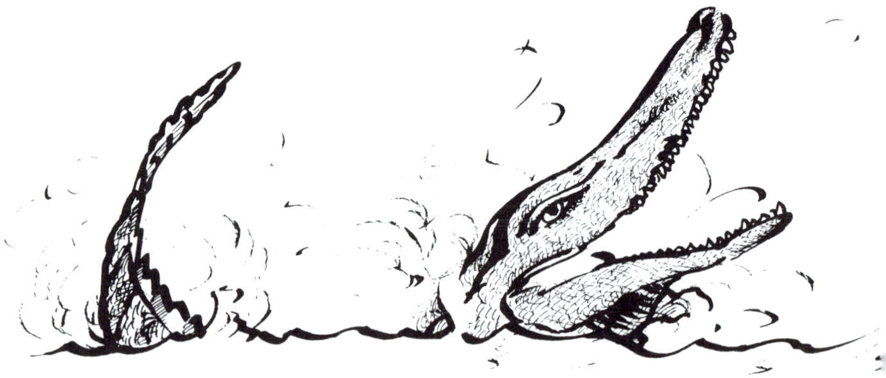

messerscharfen Zähnen auf. Ich w[13]rte mich mit dem
e eh

Pa[14]el. Bevor die rie[15]ige E[16]e in den tr[17]ben Fluten
dd tt s ss chs gs ü üh

verschwa[18]d, zerfe[19]te sie meinen K[20]n durch einen
n nn tz z a ah

Schlag ihres Schwan[21]es. Nur m[22]sam und mit viel
tz z ü üh

Glü[23] konnte ich mich an Land re[24]en.
ck k dd tt

- a – 7
- ah – 18
- äu – 6
- ch – 3
- chs – 23
- ck – 17
- d – 1
- dd – 20
- e – 12
- eh – 24
- eu – 16
- gs – 2
- k – 4
- n – 22
- nn – 8
- s – 21
- ss – 5
- sch – 11
- t – 15
- tt – 10
- tz – 13
- ü – 14
- üh – 19
- z – 9

Im Zoo

Im Zoo s[1] ich [2]iele Tiere aus [3]ernen L[4]ndern:
a ah f v f v ä e

T[5]ger, L[6]wen, Elefanten, [7]iraffen und Zebras. Die
i ie ö öh G K

mei[8]ten Besucher aber standen vor den [9]äfigen der
s ß G K

Affen und fr[10]ten sich über die Spä[11]e der lustigen
äu eu ß ss

K[12]rlchen. Ein Wärter fütterte sie.
ä e

Er [13] nüsse, M [14] ren, Ban [15] nen, Bro [16] reste und
d t — ö öh — a ah — d t

versch [17] dene Obstsorten verteilte er auf dem Boden.
i ie

Hefti [18] zankten die Affen sich um die [19] esten [20] issen.
g k — B b — B b

Flin [21] und geschi [22] t suchten sie Zuflucht auf ihren
ck k — ck g

Kletterb [23] men, um in Ruhe zu fre [24] en.
äu eu — s ss

a – 19
ä – 15
ah – 16
äu – 9
b – 11
B – 10
ck – 24
d – 21
e – 6
eu – 2
f – 13
g – 20
G – 5
i – 1
ie – 12
k – 8
K – 14
ö – 17
öh – 23
s – 3
ß – 4
ss – 7
t – 22
v – 18

Vogeljunge

Neben unserem Gartenkam[1]n steht der Baumstumpf
i ie

eines Aprik[2]senbaumes. Dor[3] nisten [4]edes J[5]r
o oo — d t — J j — a ah

Rotk[6]lchen. Vor einiger Zeit l[7]gen w[8]der drei
ee eh — a ah — i ie

[9]esprenkelte Eier in dem mit M[10]s ausgepolsterten
g k — o oo

N[11]st. Jetzt sind die [12]ungen geschlüpft. Ste[13] sind die
ä e — J j — ds ts

Vogeleltern unterwe[14], um die aufgeri[15]enen Schn[16]bel
chs gs — ß ss — ä e

zu stopfen. Mit Würmern, Lar[17]en, Inse[18]ten und B[19]ren
f v — g k — ee eh

[20]üttern sie ihren Nachwu[21], und dieser wir[22] zusehen[23]
f v — chs gs — d t — ds ts

grö[24]er.
ß ss

a – 19
ä – 6
ah – 21
chs – 15
d – 2
ds – 18
e – 24
ee – 14
eh – 8
f – 17
g – 9
gs – 1
i – 11
ie – 23
j – 12
J – 20
k – 4
o – 7
oo – 22
ß – 16
ss – 3
t – 10
ts – 5
v – 13

Es brennt

Die S[1]rene h[2]lt. Petra stür[3]t aus der W[4]nung. Aus
i ie äu eu tz z o oh

einer Ha[5]e der Firma Kühl stei[6]t di[7]ter Qua[8]m.
l ll g ck ch sch l ll

Entse[9]t beobachten die [10]assanten das schre[11]liche
tz z B P ck k

Schauspiel. Da kommen die Lö[12]wagen angera[13]t.
ch sch s ß

Unheimlich g[14]llen die Martinshörner. Die [15]lammen
ä e F Pf

pra[16]eln und l[17]dern. Z[18]gel [19]nallen auf das [20]laster.
s ss o oh i ie g k F Pf

Mit drei Schl[21]chen wird der [22]rand bek[23]mpft.
äu eu B P ä e

Endlich ist es vorbei. Mit ru[24]geschwärzten Gesichtern
s ß

ziehen die Feuerwehrmänner ab.

ä – 18
äu – 1
B – 10
ch – 15
ck – 6
e – 21
eu – 9
F – 19
g – 22
i – 11
ie – 8
k – 16
l – 17
ll – 13
o – 3
oh – 24
P – 2
Pf – 5
s – 23
sch – 4
ß – 14
ss – 12
tz – 7
z – 20

Der „Pechtag"

Heute ist Freitag, der [1]reizehnte Mai. Bei Hans [2]lappt

[1] D d [2] g k

überhau[3]t nichts. Beim Fr[4]stück gie[5]t er den T[6] über

[3] b p [4] ü üh [5] s ß [6] eh ee

sein D[7]tschheft. Die Schrift verl[8]ft. In der Schule st[9]llt

[7] äu eu [8] äu eu [9] ä e

er [10]est, dass er sein Bro[11] daheim [12]ergessen hat. Al[13]

[10] f v [11] d t [12] f v [13] s ß

er das Gedicht aufsa [14] t, blei [15] t er m [16] rmals ste [17] en.
g ck b p ee eh ck k

W [18] tend und tro [19] ig sitzt er da. Doch dann gesch [20] t das
ü üh tz z ie ieh

Wunder: Im Diktat erh [21] lt er eine [22] rei, und schon ist
ä e D d

Hans w [23] der glän [24] end gelaunt.
ieh ie tz z

ä – 10
äu – 1
b – 21
ck – 12
d – 14
D – 24
e – 16
ee – 17
eh – 20
eu – 5
f – 4
g – 23
ie – 7
ieh – 8
k – 18
p – 15
s – 19
ß – 3
t – 2
tz – 11
ü – 22
üh – 13
v – 6
z – 9

Hereingefallen

Ein Rabe hatte ein Stü [1] Käse gest [2] len. Er sa [3]
ck k — o oh — ss ß

auf einer [4] norrigen Birke im M [5] r und h [6] lt sein
g k — o oo — i ie

Mitta [7] smahl. Der Duft des Käses lockte den Fuchs
ck g

he [8] bei, der sch [9] n lange Zei [10] nichts mehr
r rr — o oh — d t

gefre [11] en hatte und halb [12] erhungert war.
s ss — f v

„Du bist doch der ber [13] mte Vogel mit der he [14] lichen,
ü üh — r rr

wohltönen [15] en Stimme“, rief er. „Sing mir bitte etwas vor!“
d t

Diesen Schmeicheleien ko [16] te der Rabe nicht
n nn

w [17] derstehen und er tat, was der Fuchs von ihm erb [18] ten
i ie — e eh

hatte. Ma [19] hörte nur ein hei [20] eres [21] rächzen. Dabei
n nn — s ß — K k

[22] iel ihm der Käse aus dem Schnabel. Reineke
f v

verz [23] rte ihn genüsslich und ließ nichts [24] brig.
e eh — ü üh

ck – 19
d – 22
e – 21
eh – 14
f – 12
g – 5
i – 17
ie – 24
K – 15
k – 8
n – 6
nn – 20
o – 9
oh – 11
oo – 4
r – 13
rr – 23
s – 1
ß – 10
ss – 2
t – 3
ü – 16
üh – 7
v – 18

Sportfest

Unser diesjähriges Sportfest fan [1] am le [2] ten Mittwoch
d t — tz z

auf dem Sport [3] latz statt. Beim Wei [4] sprung trat ich zwei-
b p — d t

mal über. Erst der dritte Versuch glü [5] te mir halbw [6] gs.
k ck — e eh

Dann mu [7] te unsere R [8] ge zum Lauf. Da ich seit J [9] ren
s ss — i ie — a ah

der [10] nellste der Klasse bin, hatte ich keine
Sch sch

Schwieri [11] keiten. Die [12] r blie [13] bei 8 Sekunden stehen.
ch g — U Uh — b p

Meine [14] wächste Diszipl [15] n war schon immer das
Sch sch — i ie

We [16] fen. Auch heute [17] lappte es nicht sonderli [18]. Des-
r rr — g k — ch g

halb war ich übe [19] ascht und stol [20], als ich bei der
r rr — tz z

Sieger [21] rung eine [22] rkunde und einen Prei [23] bek [24] m.
e eh — U Uh — s ss — a ah

a – 14
ah – 7
b – 24
ch – 19
ck – 2
d – 11
e – 10
eh – 13
g – 5
i – 20
ie – 6
k – 15
p – 8
r – 23
rr – 16
s – 18
ss – 4
Sch – 1
sch – 22
t – 12
U – 21
Uh – 3
tz – 9
z – 17

Urlaubsvorbereitung

Markus will im Urlau [1] zelten gehen. Be [2] or er pa [3] t,
b p — f v — ck k

legt er sich eine Mer [4] liste an:
ck k

1. H [5] mden, Pu [6] over, Hosen, Unterw [7] sche, Strümpfe,
ä e — l ll — ä e

Stiefel, Turnschuhe, [8] adehose, A [9] orak.
B P — n nn

2. Sei [10] e, Z [11] nputzzeug, Handtü [12] er, Schl [13] fsack,
f v — a ah — ch sch — a ah

Luftmatra [14] e, Sonnenöl, Flossen.
tz z

3. [15] ochtopf, Pfa [16] e, [17] askocher, Fotoappa [18] at,
G K — n nn — G K — r rr

Kühlta [19] e, Taschenlam [20] e, Ker [21] en, Essgeschi [22].
ch sch — b p — tz z — r rr

4. [23] ass, Ge [24] d.
B P — l ll

a – 9
ä – 19
ah – 16
B – 15
b – 3
ch – 20
ck – 18
e – 23
f – 24
G – 7
K – 5
k – 4
l – 12
ll – 14
n – 17
nn – 10
P – 22
p – 21
r – 6
rr – 2
sch – 8
tz – 1
v – 13
z – 11

In Spanien

Blau [1] litzert das M [2] r. Der Stran [3] mit dem [4] einen,
g k   e ee   d t   f v

pul [5] rigen Sand l [6] gt unter der br [7] tenden Mittagshitze.
f v   ie ieh   ü üh

Ein gr [8] ßes S [9] gelschiff z [10] t wei [11] entfernt am
o oo   e ee   ie ieh   d t

Hori [12] ont dahin. Wir Kinder pa [13] eln mit unse [14] en
tz z   dd tt   r rr

Luftmatra [15] en hinaus. Andere fü [16] ern die [17] reischenden
tz z   dd tt   g k

Möwen von ihren B [18] ten aus oder la [19] en sich von der
o oo   ss ß

Sonne [20] räunen. Es ist ein he [21] liches Gef [22] l, wenn
b p   r rr   ü üh

einem die Wellen um die Fü [23] e [24] lätschern.
ss ß   b p

b – 14
d – 11
dd – 20
e – 12
ee – 10
f – 7
g – 8
ie – 9
ieh – 5
k – 16
o – 2
oo – 23
p – 17
r – 22
rr – 18
ss – 15
ß – 13
t – 1
tt – 19
tz – 24
ü – 4
üh – 21
v – 6
z – 3

Hitzefrei

Es ist heiß. Der T[1]r auf dem Schulhof wir[2] wei[3].
ee eh — d t — ch sch

Im Schatten der haushohen Ta[4]en suchen die M[5]dchen
n nn — ä e

Zuflucht vor der Hitze. Die Jungen sch[6]ren sich um den
a ah

Wasserh[7]n am W[8]stflügel des Schulgebäudes, um sich
a ah — ä e

e[9]was K[10]lung zu verschaffen. Verla[11]en stehen die
d t — ü üh — ss ß

[12] letterstangen in der pra[13]en Sonne. Der L[14]rer hat die
G K   l ll   ee eh

Ärme[15] hochgekrem[16]elt. Er wi[17]t sich den Schwei[18]
l ll   b p   ch sch   ss ß

von der Gla[19]e. Das Thermometer zeigt achtundzwan[20]ig
tz z   tz z

[21]rad. Nat[22]rlich gi[23]t es nach der vierten Stu[24]de
G K   ü üh   b p   n nn

„Hitzefrei"!

a – 24
ä – 7
ah – 5
b – 16
ch – 14
d – 17
e – 21
ee – 9
eh – 23
G – 1
K – 12
l – 13
ll – 3
n – 8
nn – 10
p – 4
ß – 20
ss – 22
sch – 11
t – 19
tz – 6
ü – 18
üh – 2
z – 15

Am Teich

Während der Sommerferien tr[1]ben wir Jungen uns [2]ast
i ie f v

jeden Ta[3] am Kühlw[4]her des Kraftwer[5] herum. Das
g k ai ei gs ks

war unser Lieblin[6]spielplatz. Oft s[7]ßen wir auf dem
gs ks a ah

mor[8]en St[9]g und angelten. Froschl[10]ch, Kaulquappen
ch sch e eh ai ei

und Wa[11]erkäfer griffen wir mit der h[12]len Han[13] und
ss ß o oh d t

n[14]men sie in Plasti[15]eimern mit heim. Oder wir spielten
a ah g k

im R[16]richt Seeräuber und P[17]raten. Oft waren wir [18]öllig
ö öh i ie f v

dur[19]nässt und l[20]mverschmiert. Dann legten wir uns ins
ch sch e eh

M[21]s, d[22]sten und lie[23]en uns [24]rocknen.
o oo ö öh ss ß t d

a – 21
ah – 3
ai – 24
ch – 9
d – 1
e – 18
ei – 13
eh – 8
f – 16
g – 17
gs – 15
i – 10
ie – 14
k – 5
ks – 23
oo – 12
oh – 22
ö – 4
öh – 2
sch – 19
ss – 20
ß – 7
t – 11
v – 6

Familienfest

Mutter feierte am Donnerstag Gebur[1]tag.
ds ts

Sie wurde [2]reißig J[3]re alt. Ich hatte ihr Tennisb[4]lle
d t a ah ä e

gekauft, meine Schw[5]ster hatte ein Deck[6]en f[7]r sie
ä e ch sch ü üh

gehäkelt. Von Papa bekam sie eine Armband[8]r. Morgen[9]
u uh s z

sta[10]den wir fr[11] auf, de[12]ten den Ti[13] und schmückten
n nn ü üh ck k ch sch

ihn mit einem Fliederstrau[14]. Nachmitta[15] kamen unsere
ss ß chs gs

Beka[16]ten und grat[17]lierten. Aben[18] feierten wir in
n nn u uh ds ts

unserer Kellerb[19]r. Die Erwa[20]enen [21]ranken Se[22]t und
a ah chs gs d t ck k

Bier und tan[23]ten. Diesen Tag werde ich nie verge[24]en.
s z ss ß

a – 13
ä – 9
ah – 11
ch – 7
chs – 16
ck – 2
d – 8
ds – 24
e – 5
gs – 23
k – 20
n – 6
nn – 22
s – 12
sch – 21
ß – 19
ss – 17
t – 18
ts – 10
u – 14
uh – 3
ü – 1
üh – 4
z – 15

Ein Haus wird gebaut

Das Grundstü[1] wird [2]ermessen. Dann lässt ma[3]
ck k f v n nn

ausba[4]ern und die [5]räben für die Funda[6]ente und
g gg G K m mm

R[7]rleitungen werden ausgeh[8]ben und be[9]oniert.
o oh o oh t tt

Wenn die Bodenpla[10]e [11]ertig ist, ka[12] gemauert werden.
t tt f v n nn

Danach wird der Dachst[13]l gezi[14]ert und mit Z[15]geln
u uh m mm i ie

ged[16]ckt. Der Kam[17]n wird gese[18]t. Ele[19]triker,
ä e i ie tz z ck k

[20]lempner und Hei[21]ungsbauer t[22]n ihre Arbeit. Darauf
G K tz z u uh

wird gegipst und der Boden gele[23]t. Zum Schluss wird
g gg

tapeziert und vert[24]felt.
ä e

ä – 9
ck – 14
e – 20
f – 2
g – 7
G – 3
gg – 13
i – 12
ie – 21
k – 11
K – 8
m – 17
mm – 23
n – 15
nn – 6
o – 1
oh – 5
t – 16
tt – 4
tz – 22
u – 24
uh – 19
v – 18
z – 10

Schreck in der Abendstunde

Frank hatte im K[1]no den [2]ilm „Emil und die Detekti[3]e"
i ie F Pf f v

gesehen. Als er heimka[4], [5]orderte ihn sein Vater auf,
m mm f v

den Hund noch auszuf[6]ren. Ausgela[7]en tobte Rex
ü üh ß ss

umher. Er schnupperte an jeder Hecke und an jedem

Laternenpf[8]l. Kl[9]ffend scheu[10]te er Meyers Katze
a ah ä e ch sch

qu[11]r über die W[12]se. Auf dem Heimwe[13] schlenderte
ä e i ie g k

Frank gemächlich den schm[14]len [15]ad hinter den [16]ärten
a ah F Pf G K

entlang. Es fing schon an zu dä[17]ern. Plötzlich bemer[18]te
m mm g k

er eine wei[19]e Gestal[20]. Sie stand reglos mitten im Fel[21].
ß ss d t d t

Die Angst schn[22]rte Frank die [23]ehle zu. Dennoch schlich
ü üh G K

er näher und nutzte jedes Gebü[24] als Sichtschutz. Als er
ch sch

sich näherte, musste er lachen: Es war eine Vogelscheuche!

a – 3
ä – 14
ah – 24
ch – 19
d – 8
e – 23
f – 20
F – 9
g – 6
G – 5
i – 18
ie – 22
k – 1
K – 11
m – 17
mm – 15
Pf – 2
ß – 16
sch – 7
ss – 21
t – 12
ü – 4
üh – 10
v – 13

Kinder helfen daheim

Uwe hilft seinem Vater gern bei der Gartenarbei [1] : Er
d t

grä [2] t einige B [3] te um und s [4] t [5] omaten, Radies [6] en
b bb e ee ä äh D T ch sch

und Gu [7] ken. Er gie [8] t auch täglich die Pflan [9] en und
r rr s ß tz z

Blumen. Gerda und Vera helfen der Mutter: Gerda r [10] mt
äu eu

das Geschi [11] ein und schru [12] t die [13] iele. Vera pu [14] t
r rr b bb D T tz z

das Ba [15], bis a [16] es blin [17] t und glänzt. Samstags f [18] gt
d t | l ll | g k | e ee

Peter den Bürgerstei [19] und m [20] t den Ra [21] en. Seine
g k | ä äh | s ß

ä [22] tere Schwester wä [23] t in dieser Zeit das n [24] e Auto,
l ll | ch sch | äu eu

wachst es ein und reibt es blank.

ä – 10
äh – 15
äu – 20
b – 11
bb – 24
ch – 12
d – 1
D – 3
e – 2
ee – 8
eu – 14
g – 18
k – 17
l – 6
ll – 4
r – 23
rr – 22
s – 13
ß – 21
sch – 16
t – 9
T – 19
tz – 5
z – 7

Landung auf Planet 691

Langsa [1] senkt sich die Landef [2] re auf die Oberfläche
m mm — ä äh

des Planeten 691. Bremsd [3] sen flackern kur [4] auf. Stau [5]
ü üh — tz z — b p

wird aufgewi [6] belt. Behu [7] sam dreht sich die Ka [8] sel um
r rr — d t — b p

ihre Achse und se [9] t auf. Miro, der Astronaut sta [10] t
tz z — r rr

stu [11] und bew [12] gt aus dem [13] reisrunden Bullauge. Seine
m mm — e eh — g k

K [14] le ist trocken vor R [15] rung. Ringsumher ist alles wil [16]
e eh — ü üh — d t

zerklü [17] tet und mit Kratern übers [18] t. Ein bl [19] liches
f ff — ä äh — äu eu

S [20] gnal l [21] chtet auf. Vorsichti [22] ö [23] net Miro die
i ie — eu äu — g k — f ff

Ausst [24] gsluke.
i ie

ä – 1
äh – 18
äu – 11
b – 20
d – 4
e – 23
eh – 6
eu – 8
f – 12
ff – 16
g – 5
i – 15
ie – 7
k – 3
m – 9
mm – 22
p – 21
r – 17
rr – 19
t – 24
tz – 14
ü – 13
üh – 2
z – 10